„Wer nicht in seine eigne Tiefe taucht,
hält es in der Tiefe der anderen nicht aus."

Lavoce del Silenzio

Bestimmung

Sinnend im Tal zu Goethes Höhen,
Schillers Geisteswinde wehen -
habe ich mich aufgemacht,
sie zu ehren - Werk vollbracht.

Vorbeigeschrammt an großer Kunst,
erweise ich den Worten Gunst.
Suche sie mir zu sortieren,
ohne nach reichlich Ruhm zu gieren.

Wer Muse hat, jetzt das zu lesen,
sich hinzugeben Wird und Wesen,
dem sei gewiß, es ist sehr klar,
was ausdrückt dieser Worte Schar.

Markus Lange

Meine SEIN(e)-Reime

Reifung – Wege ins Seyn

Aus dem Skumeln-Turm

Sinnhalt-Verzeichnis

Genuß

Dem Wahren im Schönen der Kunst
huldige ich mit Gunst.
Ihm sey mein Geben angediehen.
Wohlan. ES solle aus mir sprühen.

Neig mich wohlig dem Gefühl,
es einfach durch mich fließen will.
Zeigt mir schweigend, grundhaft TRAUEN,
auf dem all unsre Leben bauen.
Wirkt ungefragt und still.

Mit erfüllter Dankbarkeit
bleibt uns reich gegeben,
was ich liebend wesen will
in diesem Wonneleben.

Mal ganz nebenbei

Danke liebe Engelein!
Danke dir großes AllEin!
Wie die Worte durch mich fließen,
in all den Zeilen sich ergießen.

Reich, ohne Mühe, ohne Hast,
laßt ihr mich schreiben, frei von Rast.
Übers Papier ein Eilen -
Lieb und Herz mit Menschen theilen.

Dies Freud schenkt eine Energie,
läßts Leben sein die Melodie.
In Stille klingt sie zauberhaft.
Trübsal treibt hin - sinnleere Kraft.

Wenn dann´ s Gedichtlein vor mir liegt,
alle Schwere sanft besiegt,
fühl ich Leichtigkeit geboren.
Hab mich in mir verloren -
in meinem Universum tief
als Garten, wo ich Ruhe erlief.

Wie dank ich euch - brauch nicht mehr rennen
ums Glück - es in mir zu erkennen.
Seeliges Schweben leibt mein Seyn
und fühle: Ich bin nicht allein!

Rundreise

Es ist uns allen nur entfallen,
welche Kräfte in uns wallen.
Da sind das Licht und auch die Liebe,
die lenken uns als Lebenstriebe.

Spricht mit uns der Quelle Stimm`,
höre hin!, was ich wohl bin?
Geführt wird man so durch die Tage,
in denen ich mir AllEs wage.

Gespür! AllEins Wunsch gerne annehme,
ist`s an mir, mich flugs bequeme,
mit des Herzens freiem Sein
zu Diensten bin unsrem AllEin.

In unsren Werken solln wir finden.
Ein jedes Tun wird es uns künden,
woher wir kommen, wo ich wohn;
Heimats Wärme – unser Lohn.

Spüren, daß Tun fürs Gemeine
Sich eint mit mir, in mir AllEine.
Schenkt mir Gefühl der Einzigkeit.
Geben, wozu einfältig ich bereit.

Mein Theil fürs Ganze wirkt mit Sinn.
Offenbart: ohn` euch bleibt`s nur Gespinn.
AllEs schafft besonders hell,
es kennt das Licht, der Liebe Quell.

So kommt und geht mit mir durchs Leben,
womit wir nach Erkenntnis streben.
Bleibt`s doch Erinnern in uns drinnen,
wo wir ein jedes Mal beginnen.

Reißt Bindung nur aus dunkler Angst.
Ohn` Liebe, Grund, warum du bangst.
Find dich licht zurück ins Sein!
Sey alle Liebe Allem Schrein
zu Danken unserem AllEin.

Geständnis

Durch jedes glänzend Augenpaar
schaust du zu mir herüber.
Scheinst durch mich hell und sonnenklar.
Freut mein Herz sich drüber.

Erleuchten in mir Räume weit,
die ich gewahr nie nahm -
erleben im samtig Sinnenkleid;
mit dir ein Glück gern kam.

Wirkst in uns mit mir ein Leben
himmelhoch und erdennah.
Im Gleichschritt wir uns Neues geben,
wie ich`s durch deine Augen sah.

Durchwebt und innigst sind gebunden
wir im zeitenlosen Sein.
Erfahrung einig ist gefunden,
weil`s Wissen einsam ruht sonst fein.

Mutterseelenallein mich glaubte
in wilder Jahre frühem Trug.
Warst immer bei mir - trotz - ich raubte
dir manchen bald gebrochnen Krug.

Heut ist Hochzeit still erkannt
mit einer Liebe, unbeschreiblich.
Die mich mit dir seit je als Band
hielt und bleibt, gedeihlich.

Mag danken dir, kannst lesen schon
all meine Herzgedanken.
Will gleichen deinem Gottessohn
ohne Lebensschranken.

Glücksmoment

Mit ihm will ich die Freud erleben,
die mir tief aus dem Herzen springt.
Möchte fließend mich ergeben,
dort, wo`s aus der Liebe dringt.

Mich hellster Blitz im Ziel ereilt -
in Hingabe hinweg geschwunden.
Mein Seyn ward mit dem Sein getheilt
in himmlisch herzlichsten Sekunden.

Momente für die Ewigkeit
im Sinn des All gelebt.
Eint sich Seelchen körperweit,
so, wie das Leben webt.

Im schönsten aller Glücksmomente
erstrahlt das Himmelreich.
Bleibt herzlich Lieben uns am Ende,
im Schöpfen, unsrem Schöpfer gleich.

Werkzeug meiner selbst

Danke Schöpfer, Weltenbauer,
weiß ich dich reich und tief in mir.
Fühl ich in dir, fühl ich mich schlauer.
Ist dein Begleitung meine Zier.

Kann mich in dir selbstlos verlieren,
oh, du lieblich, klarer Klang.
Mit deinen Melodien – schieren,
ist`s der Sirenen Untergang.

Welch Kind deiner wird je fassen,
wie nah wir in uns, fein gewebt.
Will ich mich in dir treiben lassen,
im Meer der Liebe aufgelebt.

Durchscheint dein Angesicht mein Wesen -
Lichtgestalt, so in uns wohn!
Leicht fließt Aus-dem-Herzen-lesen,
lebt in uns, frei, dein Gottessohn.

Durchströmt vom Geiste aller Welten,
Freud und Glück die Tage weiten.
Solln Licht und Lieb als Fülle gelten;
Lebens Reichtum – Seins Saiten.

Seelenseyn

Emsig, emsig wirken wir
mit unsrer Hände Tat.
Durch die Tage ziehen wir.
Gleich dreht sich`s Zeitenrad.

Meiner Seele scheint`s egal,
womit wir uns zerstreuen.
Findet mit Dank in allem Tun
Erfahrung stets von Neuem.

Mit dem Gefühl will sie uns leiten
durch sekundenschnelle Stunden.
Dankt, wenn wir unsre Herzen weiten –
ihr unser Inneres bekunden.

Weiß doch AllEin ewig in Gänze,
kennt AllEs liebreich im Detail.
Fehlt nur gespürt Erfahrung! Glänze!
Mit ihr entsteht mein Heyl.

Aus allen möglich Perspektiven
wird erforscht das Seelenseyn.
Fühlen und Spüren sollen triefen,
tief Leben spürt in sich`s AllEin.

Deshalb Menschlein sei zwar rege
in deinem Wirken alle Zeit.
`S ist nicht nur, *was* du bringst zuwege!
`S ist, *wie* du BIST, das lebt dich weit!

Flockenwirbel

Dichtgedrängt die Flockenpracht
an meinem Fenster ruht.
Blies der Wind sie wundersacht
ehrend hin in heißer Glut.

Friedlich prangen all die Sternlein,
Hand in Hand und nah und weise.
Recken mir ihr ganzes Schönsein
entgegen, reich, hauchzart und leise.

Ein Fallen ohne Angst und Zaudern
findet im Schweben bettend Halt.
Scheint rauh die Wärme, gibt`s kein Schaudern,
weil Sein frisch aus dem Trauen wallt.

Vollkommenheit auf alten Wegen
im Jahreslauf sich wieder zeigt.
Ist`s Wandeln, wie auf unsren Stegen,
was kreisend sich im Laufe neigt:
Danke AllEin in Ewigkeit!

Ich danke

Ich danke, daß die Liebe fließt,
sich das Himmelreich ergießt
über alle Menschenseelen,
daß aufhört dieses ewig Quälen.

Ich danke, daß die Liebe fließt
durch alles irden Leben.
Ich danke mir, daß Liebe fließt
im dauernden Vergeben.

Ich danke, daß die Liebe fließt
bis in die letzten Winkel.
Ich danke, daß die Liebe fließt.
Sind Menschen frei von allem Dünkel.

Ich danke mir, daß Liebe fließt,
ganz frei, zu unseren Kindern.
Ich danke – sie dort licht erblüht.
Macht sie zu Liebefindern.

Ich danke, wenn die Liebe fließt,
frei, ohne jede Last.
Ich danke, wenn die Liebe fließt,
kommt`s Herze nicht in Hast.

Ich danke, daß die Liebe fließt.
Erhellt das letzte Dunkeln.
Ich danke, daß die Liebe fließt,
frei, vom heimlich Munkeln.

Ich danke, daß die Liebe fließt,
so, wie der Sonne Licht.
Ich danke, daß die Liebe fließt.
Sei einzig sie Gericht.

Ich danke, daß die Liebe fließt
aus allen Dimensionen.
Ich danke, daß die Liebe fließt,
wo göttlich Seelen wohnen.

Ich danke, daß die Liebe fließt
um Geister zu erwecken.
Ich danke, daß die Liebe fließt,
reich, in Verstandes Ecken.

Ich danke mir, daß Liebe fließt.
So tragen wir dies Licht.
Ich danke mir, daß Liebe strahlt
aus jedem Menschgesicht.

Schweben im Leben

Und wenn zum Augenblick ich sage:
Weile doch, du bist so schön!
Wird nur im Schöpfen, ohne Frage,
blinde Starre untergehen.

Weiche von mir Angstgespenst!
Zieh mit der Furcht von dannen –
mich nicht mehr von der Liebe trennst!
Will beide euch weit bannen.

Dank euch nur:
In eurer Spur,
ihr zu meinem Nutze,
zeigt Dinge mir zum Schutze.

Auf welchen Gleisen wegt mein Denken,
emsig, ohne Rast?
Ist`s ständig ein im Winde schwenken
`s Fähnchen voller Hast?

Oder ist mein Leben
Spüren im Ergeben -
tief im Herzen
erfahren die Märzen?

Sey Liebe einzig mir der Grund,
warum Was wie geschehen.
Drum dank ich hier dem ewig Bund
im Fühlen, nicht im Sehen.

Wenn Gedanken schillern

Im hohen Turme eingefangen,
ließ ich`s um mich geschehen.
Ohn` Trauer allseits Sterne prangen.
Sollt eigne Wege gehen.

Die Kette aller Wesen fügend,
Glied für Glied, Stück, Tag um Tag.
Erleuchtet Welten um mich siegend,
bleibt Einsamkeit kein Sarg.

Wollt alter Schein mich überstrahlen –
Dunkel, bist du doch erkannt!
Willst dich in meinem Schwachen aalen,
kommst mir mit dem Verstand.

Mein Türmchen gibt mir quickvergnügt,
was Gemüt und Herz erlaben.
Ist`s Leben hier, das mir genügt,
Goldgelbes reich gleich Honigwaben.

Ein Südler fand im Turm schon Glück –
Geist an Geist ward ihm gegeben –
was er mit einigem Geschick,
erfand als Sinn im Leben.

Mein kleines Glück so frei entstand,
mir stummbegnügt es hege,
nimmt Seyn freudig mich zur Hand
und führt mich hindurch, rege.

Dank an das Leben

Danke, ich bin Heyl und Segen,
Dankbarkeit auf allen meinen Wegen.
Geheiligt bin ich Liebe, Licht
von Angesicht zu Angesicht.

Danke, geheiligt wärmt die Liebe.
Danke, durch die Augen strahlt gesegnet Licht.
Danke, Heyl und Segen sind die Triebe,
die wirken hell, wenn`s Seyn spricht.

Danke, ich bin Heyl und Segen,
Dankbarkeit auf allen meinen Wegen.
Danke, ich bin Vergebung - Güte nur;
danke, bin dem AllEin dicht auf der Spur.

Danke, ich bin voll Freude auf dem Weg.
Mein Seyn führt, wohin die Seele zeigt.
Danke, Erfüllung brückt als Steg
Göttlichkeit gibt mir Geleit.
Ich bin bereit.

Danke, ich bin Heyl und Segen,
Dankbarkeit auf allen meinen Wegen.
Danke, ich bin Lachen, Glück und Freude,
Dank auch der Traurigkeit, die wandle ich noch
heute.

Dank meiner Freude lichtem Klang.
Dank meinen hellen Melodien.
Ich bin in fröhlichem Gesang.
Im AllEin bin ich gediehen.

Danke, ich bin Heyl und Segen,
Dankbarkeit auf allen meinen Wegen.
Ich dank dem Weinen, Tanz und Klang.
Ich dank des Lebens ewig Gang.

Dank, mein Wirken in Geschicklichkeit
folgt geführt der Seele.
Danke, des Lebens Wohlstand in mir breit
hält dankend fern Gequäle.

Danke, ich bin Heyl und Segen,
Dankbarkeit auf allen meinen Wegen.
Mit Erfolg wirk Heyl ich überall.
Thönt er zurück als ew`ger Schall.

Danke, ich lieb die Liebe aller Art
mit Hingabe genossen.
Danke, berühr das Glück hauchzart,
was in mich geflossen.

Danke, ich bin Heyl und Segen,
Dankbarkeit auf allen meinen Wegen.
Danke euch Geistern, Energien.
Vor dieser Freud gibt`s kein Entfliehen.

Danke für der Sonne Licht.
Dank auch dem Mondenschein.
Fühl im Dunkel Trauer nicht.
Bin gern mit mir AllEin.

Danke, ich bin Heyl und Segen,
Dankbarkeit auf allen meinen Wegen.
Ich danke einfach, daß ich bin.
So macht AllEs für mich Sinn.

Zarter Frühling

Auf Zitronenfalters Schwingen –
heut traf ich ihn wieder –
meine Gedanken sich einfingen;
er tanzte auf und nieder.

Ein freuderfülltes Ringelreihen
zelebriert im Hauch der Lüfte.
Unbekümmert schien sein Seyn
im Segen erster Frühlingsdüfte.

Schwelgend ließ ich mich berauschen –
Vöglein emsig musizierten;
reichem Klang gab ich mein Lauschen –
wie einfach Freuden sich hofierten.

Traum am Heu des alten Sommers,
Zeh´nchen grüßen keck die Wiese.
Sehnsucht gleitet mit den Strahlen.
Belebt (weht zart die Frühlingsbrise)
will ich mich so gerne aalen.

Hasch mir, wie Schmetterling, den Lenz,
Liederschall aus voller Brust,
Tau noch am Halme schüchtern glänzt,
Leb ich`s mit heitrer Wohleslust.

Spiel mit mir

Duftende, entschlafne Sommerpracht
als Decke ruht in schillernd Tönen.
Lärchenlaub und bunte Blätter leihen Herbst die
Tracht,
orchestral sie einen jeden Schritt im Edlen krönen.

Lugt aus dem Moos ein Männlein purpurn unterm
Tannendicht
und strahlt in grellstem Frühlingsrot.
Ergreift anmutig sich meiner Äuglein Sicht.
Wer grenzdebil, dem droht es Atemnot.

Doch mit Gefühl ersonnen holde Waldesgaben,
im Geist gebunden mit den Geistern der Natur,
läßt`s alles reich im rechten Maße laben;
offenbart sich heilig Lebens Spur.

Äthers Odem schweift durch Äste und um Wipfel,
durchströmt ein jedes Geistgerüst.
Ergreift sich heimlich meiner Mütze Zipfel
und trägt hinfort sie heiteren Gelüsts.

Zerzaust, gerupft und frisch durchflutet –
aus meinem Becher steiget Wärmedunst –
mein Tee spielt mit den Elementen, wie`s mir
mutet,
erhebt das Spiel der kleinen Wölkchen hell zur
hohen Kunst.

Alle Lebensgeister neu in mir gesammelt,
trage stolz ich dieses Spüren mit nach Haus.
Verlustig Mützlein schmunzelnd nun am hohen
Zweige bammelt.
Voll Freud in allem lach ich mir nichts draus.

Getanzt mit Mutter Gaias Kindern
all samt im Kreis und geradeaus.
Bin freudenvoll – kann`s mir nichts lindern,
was quillt mir aus dem Herz hinaus.

Danke und erfahre!

Täglich zieh ich neue Kreise
in der altbewährten Weise.
Gewohnheit hält das Draußen fest.
Drinnen richtet sich der Rest.

Jeder Augenblick baut Leben
nach der Gedanken emsig Streben.
Bilder in mir während Gleichen,
kann sich Neues mir nicht reichen.

Bilde ich mir selbst nichts ein,
reichts Schicksal eine Welt hinein.
Wird in unsrem Drumherum
und in mir drin die Seele stumm.

Dank ich freudig für mein Sein,
lugt Frau Sonnes Strahl herein
mir ins Herzchen und Gemüt,
weiß ich, daß mein Leben blüht.

Will wundernd, staunend alles fühlen,
erfahren mit des Geistes Wühlen,
durchfurchen Soseins reiches Wesen,
dankend treiben, in mir lesen.

Mit dem AllEin in meinem Arm
wird mir mein Seelchen herzenswarm.
Im Erfahren sie erkennt,
was bislang ich verpennt.

Herzlich leben, lieben, lachen,
Freude reichen, glücklich machen –
beschwingt um mich geht wild der Tanz
und wirkt reich der Liebe Kranz.

Explodierte Implosion oder einfach umgelenkt

Eines schönen Tages nun,
da *Ist* was *Ist* gelassen
und bemerkt: ganz ohne Tun
bekomm *ich* mich nicht zu fassen.

Aus dem Ur sprang *Ist* hinaus
und wandelte als *Bin*.
Schwingt am Pendel hoch sich raus –
jetzt kommt zum *I.CH* ich hin.

Her und hin von da nach dort
erfuhr *Ist* das Erkennen.
Im Kreise drehend immerfort
sah *Ist BinIch* losrennen.

Mit der Stirn voll an die Wand
gespiegelt *IchBin* kündet,
nach Anschlag *Bin* zurück *Ich* fand.
Als Sprung ins Ur es mündet.

Streng heraus und ruhig hinein –
Weib dem Manne sprichts:
Wirbelts dich und mich AllEin –
nur als Zusammen sind wir fein!
Geschmolzen bilden wir den Gral
der als heiligstes Fanal
ruft: AllEs *Ist* – *Bin* Nichts.

Zurück bei sich *Ist* wieder *Ist*.
Bin ausgedrückt als Eindruck bleibt.
Erkannt, erfahrn Nichts AllEs bist,
Bin nichts - *Ist* AllEs leibt.

Alles wie immer

Weder zwingen noch begreifen
werden wir das Weltensein.
Ist`s nur an uns umherzuschweifen,
zu erfahren das AllEin.

Im allertiefsten Grunde ruht,
was in der Höhe wir nicht messen.
Erkennen bleibt, was man hier tut,
Erleben und Fühlen mit heißer Glut!
anstatt nur Schlafen, Scheißen, Fressen.

Mit offnem Herzen, wachem Geist –
unsre Seele mag uns führen,
steht uns nie an, wie allermeist
wir Allüren unsrer küren.

AllEs in sich trägt AllEs schon.
Wir brauchen `s nicht bekehren.
In allem wohnt, wie einst im Sohn,
was *Natur* will lehren.

Zergliedern, Bedeuten, Vermessen und Wiegen
erdreistet sich die Menschenschar.
Wenn wir dem Tode dann erliegen,
offenbart`s gewiß, wie Wahr geschah.

Mit Ehrfurcht, Dank und Heiterkeit,
mit Liebe, Hingabe und Güt`,
erspüren wir heil'ges Geleit –
wie`s Leben einfängt sich`s Gemüt.

Zu finden wahren Seinskern,
mit strebend Wissenschaft wir`s nicht erlegen.
Von Herzen lieben AllEs gern,
begehren mich, dich, Nah und Fern –
unter die Füße wird sich`s legen,
schreiten wir auf *unsren* Wegen.

In mir bin ich bei dir ganz nah,
egal wo du wer bist.
Im Einen AllEs nur geschah,
gleich wie fern dein Seyn auch ist.

Gebaumel

Oh, Pendel, du, Zeiger meiner Waage,
schwing und kreise ich mit dir,
trägst mich schwerelos durch Tage –
schweb aufgelöst im aufgelöst Moralrevier.

Liebe, einzig, all durchdringend,
rein und klar, wie Wasser fließen.
Bist AllEs, läßt AllEs schwingend
sich in unsre Herzen gießen.

Schmelzend, inniglich gebunden,
spür ich mit dir die Einigkeit,
als Eins gewoben und gewunden
entsteht aus zweien Einzigkeit.

Du bist in mir, ich bin in dir.
Liebestaumelnd das Pendel ruht.
Wo ICH BIN, da bin ich wir.
Wärmend im Herzen lodert die Glut.

Spiegelflutig Starre lösend –
Freiheit liebend an deinem Band,
ankommend durch das Leben flößend,
mäandernd mich in mir einfand.

Nichts ist Muß – ich lieb dich gerne.
AllEs im Fluß, wenn deines Ufers leuchtend Sterne
mir sonnenhell in meiner nahen Ferne
offenbaren die Weite, tief, im Herzenskerne.

Irren und Wirren im wilden Pendelflug
des früher Tage reichen Findens,
warst immer du`s, die Liebe, die das Pendel trug.
Litt ohn` dich im Getriebensein eines quälend
Windens.

Nebel im Blick, gen großer Freiheit strebend,
vergaß ich mich als deiner Theil.
Am Band du hieltest eifrig webend;
sahest Lösung meiner – weitab dem Heyl.

Wandle Monde lang, AllEin, fern deiner,
fühle Grund in dir, nun, wo die Weite greift.
Stürmisch klärt Wahrhaftigkeit mich reiner.
Ebenentiefe aus der Stille reift.

Lebendig leicht hebt`s uns durch Dimensionen;
gebettet darin eines jeden Tun.
Offenbart es Perspektiven – gar Millionen.
Gütig, ewiglich Unendlichkeiten ruhen.

Wirkt Seyn aus niemals endend, kreisend Sichten
reich und erfüllend, vergebend jeder Gram.
Liebe ist und west im innern Lichten,
wo Mutter Dunkel still und trauend, wie immer,
`s Zepter übernahm.

Gefühlt nur blind ist es ein Schauen,
was sich offenbarend zeigt.
Bleibt die Liebe mit Freiheit unsrer Herzen
tief im Trauen,
wohin die Waage uns mit Schwung des Pendels
neigt.

Seyn oder Nicht-Sein

Was willst du Mensch wohl seyn –
alleine im AllEin?
Schau in deine tiefe Brust,
erkenne dort des Lebens Lust!

Gib die Liebe als dein Leben,
geschenkt ist`s durch Natur gegeben.
Klag nicht schmerzenden Verlust.
Erzeugt die Angst dir größten Frust.

Wirke im Augenblicke
mit göttlichem Geschicke
in deinem Selbst gelegten Plan;
folg Einfall, Zufall ganz spontan.

Sey, was du einst werden willst,
als selig Reichtum aus dir quillt`s,
Mangel scheint verdrüßlich,
Fülle ist genüßlich.

Im Moment des Jetzt
sey stille, wenn`s sich setzt,
webt`s deine Seelenwege.
Furcht und Leid sich lege.
AllEin du bist Glückseligkeit,
in dir, aus dir weist Gottgeleit.

Umkehr

Laß dich besinnen, holdes Weib!
Düster ist`s dir im Verließ.
Wiederholt gequälte Freude
kein Neues in dich ließ.

Dein Seyn trägt dich durch alle Tage
in Kreisen ohne Auf und Ab.
Schaufelst so schon auf der Trage
zu Lebzeiten dein eignes Grab.

Stumpf im Herzen,
rauh im Sinn,
drücken unsägliche Schmerzen
dich allenthalben Nas` drauf hin.

Eingefahrne Gleise wanken,
erloschen ist des Lebens Glut.
Neues nur in alten Schranken –
den Zauber spült hinweg die Flut.

So erwachsen, so normal,
scheinbar gelten keine Zwänge.
Bedrängnis bleibt in tiefer Qual.
Gefangen bleibst in eigner Enge.

Und so geht der alte Trott,
tagein, tagaus, vorüber.
Trägst dein Leben aufs Schafott.
Gedanken vegetieren trüber.

Wo pulsiert dein Leben heiter?
Wohin fließt die Energie?
Wie führt`s dich hoch die Himmelsleiter,
erquicket frisch dich die Magie?

Lasse fließen deine Säfte
meines Lebens schönste Braut!
Komme kindlich in die Kräfte,
Glück und Freud all Leid vergraut.

Will dich in meine Arme schließen,
wieder sprießend rein und klar.
Dunkle Nacht und Macht zerfließen –
aus deiner Asche steig, mein Star!

Hell funkeln deine Sternenaugen
strahlend, wie am ersten Tag.
Bist einfach du, mein` Blicke saugend –
mein Herz, genau, wie ich dich mag.

In Einigkeit mit deiner Seele
zieht Leben nun hin seine Bahn.
Drum immer mit dem Herzen wähle
bevor erneut greift alter Wahn!

Spreng die Fesseln in dir – öffne,
befreie dich vom Bann der Qual!
Schau klar die Wahrheit und das Leben,
der Augenblick gibt dir die Wahl!

Im Träumen

Mondlicht, sanft, beglänzt die Nacht,
Spiegelflut der Wellen wacht.
Seelen, wassertropfengleich, ruhn in Himmels
Ozean –
Unendlichkeit im Treiben kindserinnert Ahn`.

Silberfischlein springt, dem Spiegel gleich –
flieht dahin des Nachtlicht Narzißreich.
Gedeihlich schwingt zurück der Wasser
ebenmäßiges Gesicht.
Schein des Himmels hüllt die Schatten dicht.

Zarter Schleier birgt in sich die Auen,
getragen gleitet still eine Schwanenkönig hin,
im Lauen
haucht der Schöpfung Odem säuselnd
durchs Geäst,
im Mutterschoß der Kronen schläft,
gebettet in sich, ein jedes Blättlein fest.

Seele breitet ihre Flügel weit,
gleitet gehalten in der Stille Kleid,
durchdringet traumvertieft der Elfen Reich
und schwebt dahin, geliebt, den Feen gleich.

Alter Tag in Würde als Erinnrung bleibt,
in Ehr` erhaben, reich, im Herzensgrund er treibt.
Im Ausgleich aller Elemente ruhe ich samtweich.
Kreislauf des Werdens berührt im Gehen sich
reich.

Geborgen schwelgt, gegründet im endlosen Fluß
des Seins,
ewiglich und freudig in der Harmonie des Eins,
liebend, voll Güte und frei aller Last,
der Augenblick der Fülle –
unendlich weilend Gast.

Schillernde Ehr`

Ruh Edlen und Vollkommnen gleich
in deinem Seelenseyn!
Mit Liebe gabst ein Himmelreich –
Dank sey im Neigen rein.

Herr über geschundne Glieder –
als Fesseln sie dich plagten.
Quoll weise Fülle aus dir nieder,
Geist drüber herzvoll ragte.

Schaffenskunst der Schönheit zugewandt,
anmutig und in Würde schwelgend.
Herzvoll als Wirkens Unterpfand –
Federstriche in Elysium schmelzend.

In der Zeiten Lebenswandel
übt sich das Menschgeschlecht.
Hingabe nun mit Güte bandel -
Zeilen der Freiheit fließen Recht.

Im Blätterrausche Fichte,
des Faustens Vaterschaft,
Humboldts und Hegels Lichte –
dein Frucht ward allen Saft.

Menschenjubelnd erringt Substanz
ästhetisch schwingend Siegeskränze.
Lorbeer allein gebührt dem Glanz.
Erhaben wiegt alles in Gänze.

Totenbein durch Gruften reist
in Glut dahin geflossen.
Dein Schädel ruht mit Freundesgeist
beim Seelenbruder unverdrossen.

An Dich, Entschwundene

Welch Übel ich je in dir sah,
kam meinem Innern wohl recht nah.
All Wirken, Wesen, Maßgeregel
stumpften die Spitze jenes Kegel,
die im frohen Kreiseltanze
Freude zelebriert fürs Ganze.

Heut seh ich klarer dich als Widerschein;
war außer mir und nicht allEin.
Rannte nach – einer bunten Gedankengeisterwelt.
Dein Seyn mir noch mein Herz erhellt.
Erblicke jetzt in mir dein Wirken
frei von amtlichen Bezirken.

Im Garten Eden Hölle spürte
ich nur, weil`s mir der Kopf vollführte.
Herzchens wahrlich Kummer nimmer drang –
ihm allein war`s stetig bang;
dir dauerte mein Weg zu lang
zu finden deines Lebens Gang.

Nun spür ich klar dich göttliches Geschenk,
hantier noch immer ungelenk
mit dem, was aus dir in mir ruht
und weiß, gebunden bleibt`s uns ewig gut.

Verzweiflung, Streiten, aller Gram
macht unendlich `s Leben lahm.
Aus deiner Lehre ich ersann,
was ich heute leb und kann.
Ersinne Fügung unsrer Energie.
Mit Dank im Herzen ruht sie hie.

Verspielt scheint zweier Lebensglück
vor einem Haufen Scherben.
Sollten draus bauen Stück um Stück
in Liebe für die Erben
deren großes Fundament,
das einfach nur die Liebe kennt.

Weise Wegweiser

Zeigst und lebst mir hier mein Leben.
Bin tief in Dankbarkeit.
Doch bleibt es blindes Weben
in deinem Menschenkleid.

Du Spiegel meiner Seele,
und scheint getrübt das Bild,
begreifst nicht dein Gequäle.
Tobst gegen dich samtwild.

Schmerzen engen dir die Brust,
Verstand legt an den Bann.
Schlägst um dich voller Diebeslust;
Liebe fort dir rann …

Rauntest Lebensliebebindung im Moment,
da einst ein Riß kündete uns Scherben.
Spürtest wohl zarte Empfindung
im Herzen stumm gehemmt.
Bliebs Kämpfen leeres Werben.

Kommen Leben, Lieben, Lachen
frei im Augenblick,
wenn Frust und Häme wachen
nie zu uns zurück.

Gesegnet Kinderaugen Strahlen
ruhen in gelebter Liebe.
Laß uns des Lebens Schönheit malen
als Spiegel unsre(r) Triebe.

Gespiele im Höhlennebel

Vor den Augen all Gespiele
überfordert uns – gar viele.
Lenkt es die Gedankenbahnen
fernab den Wegen unsrer Ahnen.

Gespielebilder uns einfangen
auf den unendlichen, langen
Zügen durch die Wirren.
Wir irren wie die Irren.

Sey ver-rückt mir meine Welt!
Im Innersten sie mir erhellt
den Segen aller Göttlichkeit.
In Still getragen leuchtet`s weit.

Find ich mit klarem Blick aus mir –
kein Gespiele schadet hier –
erkennt mein Innen auch im Außen,
wie I.CH bin; so will I.CH hausen.

Erblick im Draußen ich den Film
den mein Selbst gern drehen will,
dann wird mein Seyn ein Schweifen,
ein Schweben durch dies Streifen
aus meiner Perspektive;
dann meinen Weg ich liefe.
Im Frohsinn find I.CH badend
mit Freude mich, beladend.

Geeintes Seyn

Südwest braust durchs Geäst
und lüftet mir`s Gefieder.
Klare Reinheit er dort läßt –
Jubelei der Vöglein wieder.

Blätter rauschen, Wipfel wogen
mit Mutter Gaias strenger Liebe.
Niemals ward unser Eins betrogen -
zart sprießen erste Triebe.

Herrn Spechts Botschaft ringsum hallt,
Eichelhäher gibt Signal,
wie es zwischen Fichten schallt;
herzlich Weilen lebt mein` Wahl.

Lispelnd plätscherts Bächlein helle,
glitzert abgespiegelt `s Licht,
flüstert noch das Lied der Quelle.
Glück und Freude aus mir bricht.

Bedächtig setz ich Schritt um Schritt –
Spiegelflut im Herzen.
Geist aus mir mit Geistern glitt
voll Sehnsucht hin zum Märzen.

In mir weitet sich mein Seyn,
Äther glitzert in der Brust,
kommt geschenkt allEs allEin,
gelöst flieht jeder Frust.

Langsam steigt Kühle in die Glieder,
wild weht`s mein schüttern Haar.
Komme gerne immer wieder
im Einen – I.CH bin – wunderbar!

WegWEISEr

Atme tief und weise.
Genieß das Leben leise.
Heitere Gelassenheit
trage dich in Freude weit.

Leicht und einfach ist dein Seyn
mit Erfüllung im AllEin.
Liebe zeige alle Wege.
Alle Angst sich niederlege.
Im Hier, im Jetzt, im Ist,
zeigt sich, was du bist.

Dankbarkeit und Güte
weitab jeder Lüge;
Wahrhaftigkeit sei aller Steg,
der ein Fundament uns leg.

Heyl im Ursprung ist das Nichts,
weil AllEs bereits gerichtet, ist`s
Lassen große Kunst.
Freiheit zeigt mit Gunst
wie im Außen und im Innen
dein Menschenleben kann beginnen.

Geführt, geleitet aus dem Selbst,
du allergrößtes Glück erhältst.
Bist Fülle, Reichtum allenthalben.
Wirst dir so deine Seele salben.

Heyl und Segen

Ringelreihen

Mußte mich von dir befreien,
um frei für dich zu seyn.
Drum leb ich ewig dich zu freien
in Herzensliebeleien.

Unser Tanz durch die Äonen:
bauen Grenzen sie zu lösen,
Liebe wird am Ende lohnen –
Bindung im Guten, wie im Bösen.

Eng verschränkt, getrennt im Treiben
ziehet jeder seine Bahn.
Zu hoch ward Energie im Reiben
abseits des göttlich Liebeswahn.

Gebunden, als zwei Pole schwebend;
Einzigkeit ließ sich nicht einen.
Ein Seelenband trägt unsre Leben.
Kinder, die noch weinen.

Brücken bauen zwischen Herzen
die auf ewig sind bestimmt.
Reißen Mauern weg wie Schmerzen –
Liebe als Flamme glimmt.

Im Seelenreigen alles Ganzen
halt ich dich fest bei Händen.
Brech ich weiter sämtlich Lanzen
für unser frohes Enden.

Welt in neuen Farben

Nebel lichtet sich weit innen;
dem Morgendunste gleich entfließt er in ein
wärmend Licht.
Sonne hüllt in Schleiern drinnen
noch des Herzens Angesicht.

Aus Kronen freudenvolles Zwitschern,
ein fröhlich kündend Tirilieren,
Wirbeln - in und um mich Blitzern,
wie gemalt dringt andres Spüren –
spielt Alte-Ruhe-triumphieren.

Seele ordnet drinnen emsig –
Selbst weiß nicht, wie ihm geschieht -
fleißig, stetig und behändig:
Gestern bereits entflieht.

Durchschreit den Wald,
mein angestammt Revier,
lug um die Bäume,
als war ich niemals hier.

Der Vöglein Lieder schallen andre Noten.
Mein Feenreich – es zaubert Phantasie.
Sich meine Schritte zur Erde zitternd loten.
Gefühle, fremd noch, und doch voller Magie.

Energien flechten frisch Gewebe
aus der Nornen Fäden froh.
AllEs anders als ich`s lebe.
In mir brennt es lichterloh.

Altes mit Liebe reich beschenkt.
In Frieden ruht das War.
Sie dafür mich in Neues lenkt,
selbst Wolkengrau scheint wunderbar.

So sonderlich ist mir zumuthe:
Bin ich je hiergewesen?
Gelöste Starre – fließend Blute.
Beendet all Askesen?

Namensrausch, Unruhe im Magen;
dreht`s und wirbelt`s mich umher.
Was kann, was darf, was will ich wagen?
Getrieben wie im tosend Meer.
Nur geschicht ein sanft umfluten,
unsichtbare haltend Kraft,
bleibt mir lediglich ein muthen,
der Verstand es hier nicht schafft.

Kam eine Fee mit Zauberstab –
Welt in glitzerndem Funkeln.
Weiß nicht, wie ich mein Seyn erlab,
raus, aus den alten Dunkeln.

Chaotische Ordnung

Diese Nacht in meinem Traume
lag ich unterm Apfelbaume.
Vierzehn Früchte hingen dran
und meinten, daß ich fliegen kann.

Durchs Geäst lugten zwei Wesen
und proklamierten Seelenthesen –
weißes Gewand, leuchtendes Herz,
wallendes Haar – nahmen den Schmerz.

Voll Leben steckten Wurzel, Krone;
Erkenntnis nebenan wohl wohne.
Hier sey AllEs freudbeglückt,
`s Innere zusammenrückt.

Sey gescheit, wurde gelehrt:
Man Außen nicht nach innen kehrt!
Leuchte aus deiner Seele hell!
Fremder Stoff ist nicht dein Quell!

Eine liebvoll All in dir,
tu`s mit der Eins und auch der Vier!
Gewirkt sey Energie sodann,
die `s Leben dir beglücken kann.

Voll Dank schlug ich die Äuglein auf
berauscht von Füll` in mir zuhauf,
und fühlte froh zu meinen Seiten
beide Wesen, deren Weiten.
Mit ihnen ist es Schweben
durch ein irdisch Leben.
1, 2, 3 sey Einerlei –
hex, hex.

Meine kleine Genderseele

Im Himmel, hoch, des Einen,
ist`s Lachen gleich dem Weinen,
gibt es weder Reich noch Arm,
Bitterkalt bleibt Kuschelwarm.

Zum Probieren und Studieren
ließen wir das Licht einfrieren,
schimmern helle, kristallin –
Energie jetzt sinnvoll schien.

Eines schönen Tages dann
als die Menschheit schlau begann
ihre Körper zu bestaunen,
ging durch die Welt ein mächtig Raunen.

Bin ich Mann oder ein Weib?
Gezeichnet leuchtet schlicht der Leib.
Oder bin ich mittendrin,
wie im Himmel, dem Beginn?

Meine Seele weiß genau,
daß sie weder Mann noch Frau
ist im ewig Schweben.
Bleibt`s nur ein irden Streben
dem Mehren unserer Sippe schuldig.
Was an mir dran: Ich trag`s geduldig.

In meiner Rolle auf der Erden
will`s I.CH genüßlich füllig werden.
Bleib sorgsam schlank der Leib
vom Manne und sein`m Weib.

Im Leben hier der Körper glänzt.
Fällt dieser ab, treu bleibt Essenz –
wild gelitten, reich erfahren –
Geschlecht zerfällt auf allen Bahren.

Komm ich zur Erkenntnis dann:
Ob mich gequält ein Pinnemann,
oder Oberweite schlaff mit Schlenker
winkte schmeichelnd schlicht dem Henker…
Bleibt die Lieb als einzig Grund
im Herzen unser größter Fund,
die mit Erfahrung `s Leben lohnt,
egal in welchem Fleisch gewohnt
ich mit allen meinen Trieben
wollt nur Glück mit Freude lieben.

Ohne Verstand durch die Wand

Den Stier schlicht bei den Hörnern packen,
Locke im Sturm, Kopf in den Nacken,
vulkanisch mit dem Bären zur Hand,
treibt`s weg mich vom Skorpionenstrand.

Leuchten mir die Sternlein helle
und scheinen wahre Weisheitsquelle,
liegt in Ruhe und Bedacht,
wie in mir das Glück erwacht.

Mit Harmonie und Güte schmieden,
was gesandt ward, reich, hienieden
in Schönheit, Kunst, Anmut und Fülle;
geführt sey kraftvoll nun mein Wille.

Alles, scheinbar nur begehrlich,
ist als Masse mir entbehrlich.
Wahrer Reichtum, wahre Pracht
wiegen, wie das Herze lacht.

Trifft Heyligkeit auf Geistesdunst,
der erweist sich hold als Gunst
des Schicksals reicher Gnade,
winkt golden Engleins Grade.

Drum flugs die Flügel umgeschnallt,
Glück aus allen Saiten hallt,
im freien Seelenfluge die Äolsharfe klingt,
im Innern größter Frieden schwingt.

Ge(h)lassen

Es ist, wie es ist.
Du bist, wie du bist.
Ich bin, wie ich sey
AllEin im Einerlei.

Im JETZT ist AllEs drin,
zufrieden weil` ich hin.
Dankbar – in meinem Draußen
alle mit mir hausen.

Kommt zu mir
im JETZT und HIER
nur MEINs zurück.
Am End` ist`s Glück!

Saug ich freudvoll Energie
die scheinbar Böses zu mir schrie,
find ich Heimat mit Geleit
und heyl in mein` Vollständigkeit.

Retour in mich gefallen,
schweb ich genüßlich hin.
Solln doch alle lallen –
find es in meinem Sinn.

Leichtigkeit

Geschwind, geschwind, wie der Wind,
tragen mich die Flügel weit.
Wundernd, staunend, wie ein Kind –
ein Schweben Engeln gleich.
Erfüllung, Freude in mir, reich;
lug der Schöpfung unters Kleid;
Energien einig sind.

So fließe ich im Ätherdunst,
Idee göttlicher Schaffenskunst,
spür, und es erschauert mich:
Bin das AllEs wirklich I.CH?

Erleben, lieben, erfahren, scherzen;
Riesenherzen – kleine Schmerzen,
und fühle: Es ist AllEs da,
so, wie es schon immer war.
Nichts anders, nur mein Blick ins Ganze
verleiht dem Bilde neuen Glanze.
Und mit Leichtigkeit des Schwingens
bestimmt mich hold die Kraft des Singens –
ein Traum aus wildem Lebenstanze.

Der Feen und Elfen reiche Freude
leb` ich für mich im Hier und Heute.
Göttlichkeit wirkt in uns allen:
Lassen wir sie widerhallen
bis alle Würmchen fliegen werden
als Schmetterling rund um die Erden!

Gedanken im Umkehrpunkt

Dank allen göttlich Energien, die mich heut begleiten.
Wirke reinen, heilgen Geists im Trauen mein Gelingen.
Treu soll`s mich durch den Tag geleiten
auf der Flügel Schwingen und in Lebens Breiten.

Danke, Göttlichkeit, in deinem Sein
wesen durch mich gesegnet Urheyls Energien.
Lieben und Leben im AllEin
lassen Unwirklichs bar jeder Existenz entfliehen.

Geebnet ist mein Weg mit Dankbarkeit.
Erfühl ich sanft umschlungen Daseins Freude.
Hohe Gunst geschehe, wahrhaft liebend, in
Gerechtigkeit,
sey`s nicht des gramen Zweifalls grinsend Beute.

Ergriffen schreit mit breiter Brust ich in den Tag.
Hüte in mir, all liebend, Ehre und Gewissen.
Moment, in dem ich AllEs wag und gewogen in
Erfüllung sag:
„Bleib doch, ich will dich nimmer missen!“

Danke

Zwei liebende Libellen

Beobachtungen am Flußufer
und Dichtung
gemeinsam mit Neffe Timo F. (8 Jahre)

Zwei liebende Libellen
über des Stromes Schnellen
tanzten ihre Freude
im Sonnenlicht des Heute.

Aufgeschäumt prickeln die Wellen
in der Gischt, des hellen
und samtigen Schaums –
im kühlen Naß des Traums.

Ein kleiner weißer Falter
stimmte froh mit ein.
Es waren zwei Libellen
gar nicht mehr allein.

...

...

Es waren einmal zwei Libellen,
die tanzten hin und her
über dem fließenden Meer
aus vielen kleinen Wellen.

Im hohen, grünen Grase
aus der Wiese Vase –
ein Schweben in den Weiten
des strahlenden Sonnenscheins.
Erleben jede Phase
in erfüllender Ekstase.
Und zwei Augenpaare schauen,
wie sich die Libellen trauen.

Danke Timo, Spurtefix, es ist mir eine Freude!

An alle großen Geistermeister

Still, in tiefer und gesegnet Nacht
erlab ich mir der Worte Bunde.
Mein Wunsch ward käuflich dargebracht –
erhielt nun heut` die frohe Kunde:

In-Form – Gebinde ganz ohn` Trug –
verzehre mich in Shakespeares schönsten Klängen
–
mit Hölderlin und Homer nimmer ist`s genug;
aus aller Buchstabengesängen,
die in wilden, mächt`gen Melodien
stummbegnügt zur Harmonie hin fliehen.

In aller Werken liegt die Kunst –
ein meisterlich Gelingen –
geflossen aus göttlicher Gunst,
soll`s zu uns Menschen dringen.

Öffne`s der Augen Strahlen Schein,
uns muß` damit betören,
bringen der Weisheit reinen Wein,
Lug und Trug verstören,
die wirr umspinnen unsre Sinne,
daß Leben nun gelebt beginne!

Die Samen legtest zu Beginn –
Äonen nach dir sey gediehen
wess` Sinn du deiner Kunst geliehen –
unverstandner Hölderlin.

Begreift und findet man den Segen
in wirkend wilder Worteschar.
Dringt ein Weg – am Herz gelegen –
Mensch seyn, rein und klar.

All Ehre sey geacht geliehn
dir „unverstandner“ Hölderlin.

Ergänzende Strophen

Äther braust durch Wipfel und durch Zweige.
Die Uhr blieb stehen und mit ihr alte Zeit.
Sanft und zart tönt unbedarft die weise Geige.
Tiefster Friede legt sich breitend weit.

Im Herzen unerforschte Ruhe,
Ungewohntes fühlt sich altbekannt.
Tragen leicht mich meine alten Schuhe.
Dem weiten Horizonte weicht die engend Wand,
die umschlang gefühlt Lebens Verließ;
die Tür stand offen – niemand sie aufstieß.

Bilder einer unbekannten Welt, die alle schon
gewußt.
Innehalt statt Euphorie – das Innen hält,
Tausend Fragezeichen – mangelnd Antwort kein
Verlust,
S/selbst R/rosarot vom Stuhle fällt;
alles kraftvoll ohne Held.

Fließend frei, unprätentiös,
offenbart sich Größtes ganz normal,
und völlig ohne innre Qual
zeigt Leben frische Seiten generös.

Nichts anders, unverändert gar,
liegt doch in mir das Bild: gemischt die Farben.
Getriebenheit und Darben entfliehn gleich jungen
Fohlen,
brennende Sohlen erloschen im War.
Erdung erweicht ein Wunderbar
was gleicht dem Ganzen Nichts.

Danke neues Nichts, vielleicht du AllEs bist.
Kitzelt`s verschmitzt noch um die Nas.
Doch liegt ein Duft verzaubernd reich im Ist –
im Buch des Lebens, das ich gestern las.

Zahlenspielerei

ACHT ich das gestern halb Vollbrachte feierlich,
die Sieben als FÜNF(nach) bringt Ordnung ins
Geschehen,
mit rot bezeigter NEUN Erkenntnis nun erwachte;
gemeinsam all gesehen:
ZWEI im Spiegel meisterlich entfachte
Weisheit und wahre Liebe – neue Welten drehen.
So brach die alte Zeit, blieb einfach stehen.

Mit DREI und ACHT dem Leben nah,
mit ACHT und DREI ein Ebenbild des Seyn.
In Mitte ZWEI von EINS und EINS – spiegelnd
sich`s verein.
ZWEI EINS NULL macht Dreierlei pulsierend hin
zur Quelle –
sind innre Sonn`n - erwachsne Ichs zur Stelle –
im Wirbel der Spirale ich mich wiedersah.

VIER mit ACHT kreuzt VIER mit EINS
als ACHT und NEUN in schöpferischen Thiefen;
neu aus alt der Schöpfung Geist sie riefen
her zur ird'schen Welt in klarer Sicht,
einender Wandel in kosmisch Licht
uns führt in neues Leben,
DREI und ACHT ergeben.

Dank an unser Leben

Danke, wir sind Heyl und Segen,
Dankbarkeit auf allen unsren Wegen.
Geheiligt sind wir Liebe, Licht
von Angesicht zu Angesicht.

Danke, geheiligt wärmt die Liebe.
Danke, durch die Augen strahlt gesegnet Licht.
Danke, Heyl und Segen sind die Triebe,
die wirken hell, wenn`s Seyn spricht.

Danke, wir sind Heyl und Segen,
Dankbarkeit auf allen unsren Wegen.
Danke, wir sind Vergebung - Güte nur;
danke, sind dem AllEin dicht auf der Spur.

Danke, wir sind voll Freude auf dem Weg.
Unser Seyn führt, wohin die Seele zeigt.
Danke, Erfüllung brückt als Steg
Göttlichkeit gibt uns Geleit.
Wir sind bereit.

Danke, wir sind Heyl und Segen,
Dankbarkeit auf allen unsren Wegen.
Danke, wir sind Lachen, Glück und Freude,
Dank auch der Traurigkeit, die wandeln wir noch
heute.

Dank unsrer Freude lichtem Klang.
Dank unsren hellen Melodien.
Wir sind in fröhlichem Gesang.
Im AllEin sind wir gediehen.

Danke, wir sind Heyl und Segen,
Dankbarkeit auf allen unsren Wegen.
Wir danken Weinen, Tanz und Klang.
Wir danken Lebens ewig Gang.

Dank, das Wirken in Geschicklichkeit
folgt geführt der Seele.
Danke, des Lebens Wohlstand in uns breit
hält dankend fern Gequäle.

Danke, wir sind Heyl und Segen,
Dankbarkeit auf allen unsren Wegen.
Mit Erfolg wirkt Heyl nun überall.
Thönt er zurück als ew`ger Schall.

Danke, wir lieben Liebe aller Art
mit Hingabe genossen.
Danke, berühren Glück hauchzart,
was in uns geflossen.

Danke, wir sind Heyl und Segen,
Dankbarkeit auf allen unsren Wegen.
Danke euch Geistern, Energien.
Vor dieser Freud gibt`s kein Entfliehen.

Danke für der Sonne Licht.
Dank auch dem Mondenschein.
Fühlen im Dunkel Trauer nicht.
Sind gern mit uns AllEin.

Danke, wir sind Heyl und Segen,
Dankbarkeit auf allen unsren Wegen.
Wir danken einfach, sind im Bin.
So macht AllEs für uns Sinn.

Augenblick

Kosmo-lithisch ward geführt
durch sternenklare Sphären,
was mir sanft das Herz gerührt.
Bindung will ich ehren!

Ätherisch unendliche Fülle in Präsenz
im Gelei(h)t des Göttersegens,
Drang wahrer Liebe ewiger Essenz –
irdene Geschicke emsig, zart sich regen –
Wogen reichen Glücks, immens,
überschlugen sich. Ich bin erlegen.

In Stundenschnelle reichten sich die Elemente
die Goldnen Eimer, schicksalsträchtig.
Aus einer Hand gereicht, gleich aller Hände,
wirkte Seelenheyl, reich, übermächtig.

Gewoben ward ein neues Band.
Heraus aus Nichts AllEs gebar,
was durch blendend helles Licht
bei Mutter Nacht geborgen war.
Mit zwei Schöpfungsfunken fand
Erleuchtung frei von Nacht und Tag sich klar
auf paradiesischem Altar
hermesgleich rasant.

Innere Stimmen

Wie wir Menschleins uns doch plagen
hier in unsren Erdentagen.
Wär doch AllEs einfach, leicht –
ist`s Himmelreich einstens erreicht.

Seh ich mich mit andern quälen,
mühsam einen Körper stählen;
der es geschickt bestimmt erbringt,
wenn jeder klar *sein* Liedchen singt.

All die Gedanken reichlich nerven,
welche uns beim fleißig serven
durch des netten Inders Bahnen
halten im alltäglich Wahnen.

Wie baue ich mir *meine* Welt?
Körper-Seele-Geist erhält
doch aus ganz andren Schichten eines Wirkens
Inspirationen unter Birken.

Was schau ich, was mir nicht gewahr?
Brauch ich alle(n) Schein(e) bar?
Zupf ich lieber meine Saiten
mit Herzgeleit, will Welten weiten;
im Innern sich der Himmel hellt …
… der Kern des schwarzen Pudels bellt …

Umgekehrt und umgelenkt
mein Leben *sich* wohl reich beschenkt!

Nachgefragt?

Wo bin ich wohl, was will ich hier?
Bin ich wirklich innen hohl?
Was sehe ich als mein Revier?
Frön ich dem Idol des Boten,
wess` Wort mir scheinbar `s Leben loten?

Was denk ich mir als meine Welten?
Welcher Maya Schein ich folge,
sitzend Beine baumelnd auf der Wolke (7)?
Ist Gedankenmüll denn wahr? Doch selten
finden Antworten sich ein.
Wie erkenn ich mein:
Warum das Herz mir schlägt?
Wirble drehend im Hamsterrad mein Leben?
Nach welchem Maßstab Schicksal wägt –
wie wird sich`s mir ergeben?

Wo sehe ich den meinen Grund,
der im Großen Einen
ergibt sich als geschenkter Fund
ohne der Marionetten Leinen?
Zeigt mir`s im Innen – meiner dunklen Nacht –
liegt in ihr Gewinnen?
Kenne ich die Macht
der Schatten und des Lichts?
Üb` ich im Tun des ewigen Gerichts?
Laß ich los gar jede Illusion?

Welch Friede in dem Herzen wohn,
das ich in mir trage
alle Nacht und alle Tage …

Warum?

Sokratisch schillernden Gemüts
treibt`s mich durch die Welten.
Gleich wilden Pferden des Gestüts
klappt`s einfangen nur selten.

Mal furios und schrill,
dann traurig und ganz still …
… geöffnet staunend bleibt`s ein Wandern
von einem Raum der Zeit zum andern.

Herzlich erhellt ist es ein Schauen,
wie`s wird und geht im Einerlei.
Wenn Drei aus Zweien wir bauen,
ENT-Scheiden wir Entzwei.

Liebend schwebe ich im Lauen;
trägt`s Absolut mich offen.
Himmelhoch ist abgrundtief Vertrauen.
Mit Gewißheit schwindets Hoffen.

In Dankbarkeit schnapp ich mir's Ist,
geb dir alles, was du bist
mit Güte, Freude und Hingabe,
an der ich göttlich gern mich labe.

Das magische Becherlein

Geworfen aus Elysiums Pforten,
getrennt scheinbar von Seel` und Geist
irren wir an irdisch Orten
gefühlten Unterganges meist.

Haß und Mißgunst, blindes Streben,
mephistophisches Gerangel und Gedröhne,
flankieren unser aller Leben –
Menschheit so das Göttliche verhöhne.

Getrennt, gespalten, aufgeteilt, belogen,
ließen wir uns nehmen unsre Kraft,
aus der wir kommen und sind hingezogen
mit Lieb und Freud` - nicht Leidenschaft.
Gerissen aus der Macht des Allem und des Einen –
genommen Würde, Ehr`, Gewissen –
scheint geschafft –
ließen wir`s geschehen, und sollten`s nicht
beweinen.

Ist es an uns zu trinken aus dem Kelche,
dess` Zaubertrank birgt heiliges Fanal.
Eint wieder in uns all Elysiums Schöne,
mit Anmut wärmend unsre Herzen wöhne,
bleibt`s mir gefühlt der allerheiligst Gral
mit Körper, Geist und Seele, welche
engelschön und herzdurchglühend in Einigkeit
nun wirken.

Eins in Allem leicht erreicht.
AllEin bleibt weder Phantasie noch Traum.
Im Jetzt und Hier die Zeit entweicht
und mit ihr aller Illusionen Raum.

Vom Göttlichen gelöscht ist nun das
blendend Licht,
was getrenntes Sein erzeugte.
Von Angesicht zu Angesicht
war`s Lug und Trug meist, was beäugte
ich, erkannte nicht durch Augen
des Ganzen wahren Kern, der leuchte
uns im Hier die Fern.

Becher ist geleert bis auf den Grund.
Reich erfahren liegt brach des Zweifalls Quelle.
Schließe schweigend Unheils Mund
und strahl im Herzen helle
mit Liebe, Dankbarkeit und Güt`,
mit Hingabe und göttlichem Gemüt.

Schillernd war im Traum der Gral mein Fund.
Das geb ich Preis und somit Kund.

Gespinne

Ins Nichts gesungen gedankenvolle
Weisheitsträume
gefühlter Gewißheiten nah; ich sah als wilde
Gischt,
als Schäume, mächtig geglaubte Wissensbäume;
in mir verwischt aller Halt in alten, wohlig ge-
glaubten
Erkenntnisstarren. Entbindet sich Verharren knar-
rend und vermischt
in den Tränentropfen der Freude gelöst im ewigen
Ozean.

Ich erahn schwebend, erlebend in Aufgabe dem
Seyn gegenüber:
Nichts ist. Alles war und wird sein – als Schein? als
Wahr?
Wird mein Blick des Augenlichts in aller Klarheit
trüber.
Wach ich drüber, nichts zu halten – nur gestalten,
und in Acht
auf Wirken, Leben mich ergeben in die Gründe
gehalten-haltloser Leere, in der ich bin im Bünde
mit Anmut. Unberührter Glanz bekehre in Stille
mich.

Mein Wille tropft aus dem Ewigen als Träne des
Lichts
und fließt aus mir in mich einem Schöpfungsfunken gleich.
Ich erreich sogleich meiner Seele Grund im Sinken
und Fallen, im Wallen göttlicher Fluten –
läßt`s mich vermuten: AllEs ist – bin nichts.

Komm ins Offene, Freund!

Eiligst hinfort flogen Stunden gleich Sekunden.
Entschwunden war die Zeit – weit weg –
bist du nun, aus herzlicher Nähe in die Ferne
entflohen.
Ach sähe ich doch diese Augenblicke, diese
seelenfrohen
zwischen Berg und Tal und fröhlichem Gesang
gleich morgen wieder. So knie ich nieder in
Erfüllung entlang
gelebter Bindung aus Weiten, welche in uns ruhen.

Frisch geöffnet wurden scheinbar alte Truhen,
erquickend eingehaucht den engelschönen
Geistern neuer Lebensmut mit Glut der Taten im
Jetzt.
Ich versetz nun dich und mich verschränkt,
gelenkt in Bahnen unbekannter Welten, die gelten
gleich absoluter Anmut und Ursprünglichkeiten.
Ein sie vermeiden wir umgingen, und umfingen
All mit Herzen.

Bereit, freier Wut den Stachel im Frieden geschickt
geknickt
und erweicht, haben wir erreicht neue Ufer des
Seins
im Reiche der Vollkommenheiten.
Dimensionen gefunden und gebunden für
Minuten.

Im Guten spüren freier Gedanken,
gerieten Welten ins Wanken aus äonenalten
Energien.
Nur im Hier sie wohl entfliehen mit dir.

Im Rausch sekundenschneller Stunden
schwebten Worte in Fülle vorüber.
Bekunden eines Bundes mit der Ewigkeit gab uns
Geleit.
Abschied schlich mit stillen Tränen –
sie nicht zu erwähnen, bedeute Frevel –
und Willen eines Bald, daß Zeit verhallt, kämen
doch die Tage schnelle gezogen –
Jetzt ist verflogen.

Danke P.

Erwachtes Entdecken oder entdecktes Erwachen

Im Tau der Nacht ertrunken erste Sonnenstrahlen.
Bin erwacht in Morgenkühle, kann sie bereits
erahnen,
und weiß ich noch versunken um die Wärme,
für die ich schwärme im Herzen tief,
als ich die Liebe rief.

Aus fernem Osten dringt ohn` Prahlen uns die
Weisheit
für das Leben – was auch die Sonnenstrahlen
geben –
nehm ich aus Ganzem auf, gescheit,
das durch uns dringt in engelschönem Kleid.
Erfühle ich, bin jetzt bereit fürs Glück,
will nicht zurück aus meiner Seeligkeit.

Leicht und einfach und beschwingt
mir mein Seyn alles bringt für Frohsinn,
heiteres Gemüt, aus dem heraus erblüht:
Ich bin!

Entfesselte Revision

Leuchtendblaues Firmament –
welche Wasser sind getrennt?
Welche Himmel schweben
für ein seelig Leben
über mir?
Wie wirk ich gottergeben
- die Liebe nicht verpennt –
im gesegnet Jetzt und Hier?

Die große Frage letzter Schwelle
wag ich, daß ich sie nun stelle.
Habe viel gelesen, aufgequolln das Hirn –
welche Antwort gibst du mir, heiligstes Gestirn
für einfachste Leichtigkeit?

Wie wird es schnelle helle
im tiefsten Herzensgrund?
Welche Worte geb ich Kund,
daß` Menschlein surft die Welle,
doch ich mich lauf nicht wund
in Schwere ohne innerstes Geleit
in Lieblichkeit?

Trage Deine Liebe jeden Augenblick,
lenke akkurat der Existenz Geschick,
wese die Routinen jeden neuen Tag,
und weiß nach fünfzig Jahrn noch nicht
wen ich wohl in *mir* mag – mein Licht …

Hohe Berge, Hügelketten –
würd mein Hab und Gut verwetten,
daß AllEs dieses Schöne
mir mein Herz verwöhne.

Sonnenschein und Himmelsozean:
Wo bin ich hier in meinem Wahn?
Welche Wege sind zu schreiten,
auf denen wir uns selbst begleiten;
und Du bleibst trotzdem dran –
an mir?
Wo ist dies Hier?

In Pracht vor Füßen liegt Natur,
Ausdruck höchster Liebe – pur.
Ein jedes Blümlein haucht`s heraus:
Bin ich dir nicht dein Augenschmaus?
Kann Es vollkommner nicht erscheinen?
Was ist es nur, was wir beweinen?
Welche Ängste, sinnlos Sorgen
treiben uns bereits am Morgen?

Wo stehen wir uns selbst im Weg?
Ich drüber nachdenk, überleg –
wo liegt der Weisheit letzter Schluß,
den ich jetzt noch finden ~~muß~~ will?

So viele sinnlose Gedanken
bringen `s Leben mir ins Schwanken,
und ich fühle mit Verdruß:
Bleib fern mir dieser Stuß
und ruß mir nicht die Seele schwarz,
du, des Teufels gräßlich Warz!

Welcher Moder mir im Hirn
vernebelt augensüßes, rosenweißes Seyn?
Schneide ab den alten Zopf, pack mich am Schopf,
bin frei, spontan mit mir allEin
im Schoß der Mutterseele –
so schwindet mir`s Gequäle!

Wo ist Erlösung ohne Streben?
wo bin ich Allem huldvoll ergeben?
Wo geb ich auf mich und auch hin?
Wo find ich, was ich wirklich bin –
den Sinn?
Erschein aus himmelhohen Dimensionen!
Zeige, *wie* wir Engelein wohnen
hier auf Erden!
Wie einen wir`s *mit* Teufelsbrut,
daß alle lichter werden?

Der Liebe schenk ich Heyl und Segen,
will sie durch alle Herzen wegen.
Dankbarkeit sey Tag und Nacht!
Jetzt ist`s vollbracht!

Ein Geleit der Zeit

Ach, du liebe Zeit!
In einen Raum gezwängt
lebst du recht beengt.
Bist du wohl bereit?

Taktest mir das Sein hier,
fühle mich gedrängt.
Doch ohne Hier hättst kein Revier –
im Nichts wärst du versenkt.

Beim liebvoll Dichten,
im Worte gewichten,
wenn in schwingenden Reimen
der Liebe Sprossen keimen …
…bist du für mich entflohen, liebe Zeit …
… dann bin ich in frohen
Gefilden im Schweben,
mein Seyn erleben –
ewig und unendlich weit.

Danke, daß du bist
und auch wieder nicht.
Schreib dir dies Gedicht
und nehm dich, wie es ist.

Des Pudels Kern?

Geborgenheit im eignen Kleid,
da sey sie stets willkommen.
Empfind ich ohne sie ein Leid,
bleibt sie unvernommen.

In Dankbarkeit will ich sie hegen:
Wo find ich dich, oh Göttersegen?
So frag ich allenthalb verlegen.
Gefühlt allein schreit ich auf Wegen…

Wärme und Güte tief im Leben,
erspür ich in ihr, sind ihr Kern.
Kann in ihr wirken, wesen, weben –
egal wie! Sie hat mich gern.

Welche Lieb ist`s, die umfängt
uns in allem fehlen Streben,
in mir aufgehoben es mich drängt,
sie als göttlich zu erheben.

Wie weise geht`s ohne Geleit
gefühlt sie zu erringen?
Ich will in mir befreit
im Glück sie reich umschwingen.

Wie find ich mich in dir allEin,
im Schoß der Mutterseele?
In welcher Lieb, rein, ohne Pein,
endet einst `s Gequäle?

Der goldene Steg

Ich bin gehalten, Danke!
ich bin geführt,
und nochmals Dank gebührt,
daß ich nicht wanke.

Gibst mir des Lebens Flanke
an der ich ranke pendelgleich.
Ich erreich der Welten Mitten, Danke!
Im Trauen liegt mein Himmelreich.

Spür dich in mir und wühle
im Streben dir die Seele auf.
Läßt du den Dingen ihren Lauf
und gibst mir Spüren und Gefühle.

Gewärmte Brust mir hält die Waagen,
in Gewogenheit will ragen ich über Höhen
meines eignen Schattenseins.
Ich verein`s mit Glück und Freude des Heute.
Unberührte Anmut will ich schauen, sehen.
Die Glut der lauen Spiegelflut im Trauen
liegt, dieser Friede siegt, will ich mir sagen.

Mit heiterer Gelassenheit im Blick
gibt`s kein Zurück in alte Hadesschluchten,
die verfluchten Glückesschinder,
waren doch grad sie Verkünder künftger Freuden.
Danke, die halt ich mit Geschick!

Genial-sentimentalische Naivität

Läßt ein Verstand vom Geist sich führen,
wirkt Herz naiv durch Kopf und Hand,
erhellt sey Tag, frei von Allüren.
Genie *und* Denken trägt ein Band.

Was wir schöpfen und erschaffen –
Weg ist`s, *wie`s* aus der Seele dringt,
abseits vom hohlen Hüllenraffen
Vollkommenheit ergeben winkt.

Inform gebracht nur mit Gefühl,
geht der Verstand abhanden,
bleibt`s alleweil nur Herzgewühl,
wo wir uns wiederfanden.

Rennt einzig Kopf gegen die Mauer,
ohn` Spüren ist`s ein Weinen.
Geeint sind beid` am Abend schlauer –
Trinität im Reinen.

Gemeinsam in Gewogenheit
erlangt Levitatives,
frei des innren Widerstreits,
gedacht herrlich Naives.

Gebummel im Trubel

Bedarf es eines Königreiches
um zu wesen und zu wirken?
Erfahre reich ich königlich ein Gleiches
auch in inneren Bezirken?

Muß man die Welt bereisen
zu erfahren alles Leben?
Kann mein Innres Wege weisen,
im Stillen sich ergeben
ein Weben im Leisen?

Reibt Herz am Verstand die Seele wund?
Und warum soll umkreisen man die Welt?
Muß man ums ganze Erdenrund,
wenn Liebe lebt als Held
unterm Heimathimmelszelt?

Durchleb im tiefsten Drinnen,
in meinem Seelenreich,
ich nicht zugleich ohn` Königreich
im fühlenden Beginnen
der Welten erfüllende Gründe?

Und was entstünde in meiner Stube
anders als im reisenden Erfahren?
Ist`s Erbarmen in Sünde unter meiner Lupe
als Bube im kleinsten Kreis zu weilen
ohne hinfort zu eilen?

Wo finden sich der Wesen Kerne?
Ist`s beim Umrunden der Sterne,
in den Weiten, in der Ferne?
Oder zeigt`s der trübe, schmauchende Schein
meiner inneren Laterne
beim Durchwühlen und Durchfühlen ganz AllEin
genauso gerne?

Wo finden sich mit reiner Lebensfreude
im Schaffen, Tun und Schöpfen,
entworren im Schleier des Heute
- Lethes Strom entfließt aus Köpfen –
anmutig spürende Menschen und Leute?

Für mich gibt Sinn,
einfach: I.CH bin!

Hier unten entschwunden

Gesegnet seid ihr, Seins Elemente!
Körper in tiefem Schlaf entwich den Freuden.
Geist, hellwach, in der Seele verpennte
irdisches Leben, gegebenes Fleisch;
wußt`s nicht zu deuten.

Ideen zu formen, frei von Gedanken und Normen,
zu verdichten und dichten
zu Gewichten und Gedichten,
war noch nicht ausgewogen.
Vollkommenheit im Selbst betrogen
um der Erde Lieben; deretwegen ich geblieben!
Sie sind *erbracht mehr* als Gedacht …

Mit Herz und Hand die Tat verband
Erleben im Geben sich und Allem.
Traurigkeit zu schauen ohne Gefühl im Lauen
entschwand, als ich den Sinn von Mama Erde
fand.

Mit ihr in Raum und Zeit geeint,
bestimmt durch Geist und Seele.
Vollkommenheit nie Glück verneint,
welch Zustand I.CH auch wähle.

Aus Freude, Dank, Hingab` und Güt`
ist AllEs aus dem Nichts,
was hier erblüht,
erhaben göttlichen Gerichts.

Im Spiel der Möglichkeiten
sich meine Sinne weiten
in nahe, ferne Wahrscheinlichkeiten.
Um die beneiden mich Götter,
Engel und Dämonen.
Drum will ich herrlich bewohnen
mein irden Thronen: Danke,
absolute Ewigkeiten

Geliebtes absolut Relative

In geistiger Monade ich bade allEin;
was bewein ich wann und dann?
Ist`s Sein nicht allEs hier und an
mir dran durch mich im Wir? Verein
ich Körper, Seele, Geist des meist in Schicksals
Geschick,
dann erblick ich AllEs im Nichts. Ein Trick?

Oh nein, mit Ruhe, Liebe und Hingabe
Vollkommenheit erlabe ich rein momentan.
Und freien Willens hier ist`s Gabe,
was fluid sich ergießt spontan.

Gebunden ungebundnes Wirken
gibt mir mit absoluter Kraft,
das relativ mir hier mein Wesen schafft,
gelöst von amtlichen Bezirken.

Und weiß ich Nichts und fühl es noch,
bis sich`s mir offenbarte,
erinnert es durch Mark und Beine kroch
in meiner Himmelswarte,
als ein Schnubbelstern gedieh,
der mir die Liebe lieh.

Lebenssinn

Stuf` um Stuf´ will ich beschreiten
mich zu bilden, zu befreien.
Geist und Seele will ich weiten
genau in diesem irdisch Seyn.

Erlangt Gewißheit in dem Einen,
treibt`s mich zur nächsten Frage hin.
Zeigt`s mir in allem Reinen,
was ich hier wohl bin.

Und so breit ich meine Flügel
zu runden jeden neuen Kreis,
um zu brechen alte Siegel,
zu erinnern, was ich weiß.

Will erringen, will erkennen
aller Schöpfung tiefsten Grund.
Will Liebe, Freude, Glück benennen
als der Menschheit größten Fund.

In Hingabe will ich durchdringen,
was uns treibt, und wie`s uns schwingt.
Soll Es in unsre Herzen bringen,
wie man das höchste Liedlein singt.

Danke!

Rundherum

Mein ungeheures Weltenganze
in Pracht und Abgrund zu erschließen,
ist Seyn umringt vom Sternenglanze,
die aus dem Hades sprießen.

Wechselspiel der Elemente –
im Reigen Glasperlen erklingen –
bleibt`s im Anfang wie im Ende,
wie Gleich` und Selb`ges sich umfingen.

Verschmelzen einst AllEs und Nichts
grundlos im Ozean der Träume.
Im Antlitz spiegelflutigen Gerichts,
stiller Brandung erloschner Schäume …
… lebt auf der Liebe Angesicht.

Strahlen in Ergriffenheit,
jede Möglichkeit gelingt.
Weite ruht in Ewigkeit,
innig Unendlichkeit versinkt.

Wärmendes Elysium des Absoluten
fluid mir durch die Finger rinnt;
was ebbt aus mir in stillen Fluten,
wenn alles neu beginnt?

Geliebtes Absolute!...

…Jetzt halt ich meine Schnute,
weiß, ich bin in dir,
und genieße dich in mir!
So ist alles, wie es ist;
die Liebe bleibt nicht mehr vermißt.
Danke danke danke!

Danke!